# SIÉGE

DE

# VERDUN.

TOULOUSE
IMPRIMERIE A. CHAUVIN ET FILS
3, RUE MIREPOIX, 3

1871

# SIÉGE DE VERDUN.

En 1792 l'armée prussienne se présenta devant Verdun et lui fit *hommage* de quelques bombes. La ville, n'ayant pas de garnison, dut se rendre, pour éviter à la population les horreurs d'un siége. D'estimables jeunes filles, dans la pensée d'adoucir le courroux du roi Frédéric-Guillaume III, qu'elles présumaient aussi friand qu'elles, eurent la malheureuse mais bien innocente idée de lui offrir des dragées. On sait ce qu'il en advint de ces pauvres créatures, connues depuis dans l'histoire sous le nom de *Vierges de Verdun*.

Verdun vient de racheter la faute de cette époque, si faute il y eut, et de se réhabiliter glorieusement aux yeux du monde entier par une des plus héroïques défenses que les annales de la guerre actuelle auront à enregistrer. En effet, investie la première de nos places fortes de l'Est, elle a été la dernière à se rendre. Les conditions de sa reddition sont exceptionnellement avantageuses, puisqu'aux termes de l'article 1er du traité, la forteresse, avec tout son matériel de guerre et ses approvisionnements, sera *rendue à la France*.

Dès le 12 août le sous-préfet de Verdun avait fait appel au patriotisme de ses administrés et pris, de concert avec l'autorité militaire, les mesures nécessaires pour faire rentrer en ville tous les grains, troupeaux et autres objets de consommation qui se trouvaient dans les communes rurales. Le 14 août ce magistrat adressait aux maires de son arrondissement la nouvelle circulaire que voici, et qui témoigne d'un grand esprit de prévoyance, qui ne nous a malheureusement que trop fait défaut dans cette funeste guerre.

« Verdun, le 14 août 1870.

« MONSIEUR LE MAIRE,

» Dans les circonstances graves où nous nous trouvons,
» et dont nous triompherons certainement, c'est un devoir
» pour tout Français *et surtout pour les maires*, d'aider le
» Gouvernement à organiser la défense nationale. Je viens
» vous demander votre concours le plus dévoué et le plus
» entier pour faciliter l'exécution des mesures importantes
» que commandent les événements. En ce moment toute
» négligence serait criminelle.

» Les pouvoirs des maires et adjoints, ainsi que ceux des
» anciens conseils municipaux, sont prorogés jusqu'à nou-
» vel ordre. Vous pouvez donc agir dans toute la plénitude
» de votre autorité.

» Mieux partagés que les habitants des autres parties de
» la France, nous avons la glorieuse mission non-seule-
» ment de fournir des défenseurs à la patrie, mais encore
» d'assurer l'alimentation de notre vaillante armée. Il faut
» que les hommes qui combattent sachent qu'ils ont der-
» rière eux, outre nos sympathies, notre appui sérieux et
» efficace.

» Hier j'ai demandé, par votre intermédiaire, aux habi-
» tants de tout l'arrondissement, des vivres et des four-
» rages. Tout sera payé à un prix amplement rémunéra-
» teur.

» J'ai la ferme conviction que je n'aurai pas fait en vain
» appel à leur patriotisme, et que toutes les provisions dont
» ils pourront disposer afflueront demain à Verdun. Que
» les boulangers cuisent du pain sans relâche ! Dans la lutte
» engagée nous ne devons reculer devant aucun sacrifice
» pour le triomphe de notre cause, pour le salut de la
» patrie.

» Répondez rapidement au sujet des renseignements que
» je vous ai demandés pour la formation de la garde natio-
» nale sédentaire. Prévenez les jeunes gens de la garde
» mobile de 1869 qu'ils vont être incessamment appelés
» et qu'ils se tiennent prêts à marcher au premier signal.

» Si par malheur l'ennemi envahissait notre arrondis-
» sement, prévenez les hommes valides qu'ils doivent, à
» son approche, vider les lieux et se retirer sur Châlons,
» où ils trouveront des forces imposantes et des armes.

» Je vous prie de publier la présente circulaire au tam-
» bour ou à son de trompe.

» Veuillez agréer, Monsieur le Maire, l'assurance de
» ma considération la plus distinguée.

» *Le Sous-Préfet de Verdun*,

» DE B. BEAUVALLON. »

L'appel du sous-préfet fut entendu, et le 16 août, jour du passage de l'Empereur à Verdun, ce magistrat put donner à Sa Majesté l'assurance que la ville était amplement approvisionnée ; qu'en outre 1400 bœufs et du pain en quantité considérable étaient à la disposition de l'armée du Rhin, qui devait passer le surlendemain par Verdun en opérant sa retraite sur Châlons, mouvement entravé, comme on le sait, par les brillants mais infructueux combats de Doncourt, Gravelotte, Saint-Privat et Jaumont.

*\*

Verdun eût tenu encore plus d'un mois, sans la reddition de Metz et de l'armée du maréchal Bazaine, qui a rendu toute résistance inutile et nous a jeté sur les bras *cent mille Prussiens* et 500 pièces d'artillerie, plus tout le parc de siége de Metz et de Strasbourg. Nos approvisionnements, grâce à la prévoyance des autorités administratives et militaires, étaient loin d'être épuisés, et nous avions des munitions pour six mois, malgré l'abus qui en était fait journellement.

Pendant un long siége de trois mois, il ne s'est pas écoulé un jour sans que le canon de la place et les sorties de la garnison n'aient porté le trouble dans les travaux et la mort dans les rangs de l'armée assiégeante. Nous croyons rester au-dessous de la vérité en estimant à 20,000 hommes les pertes essuyées par l'ennemi autour de nos murs, quoiqu'il n'ait jamais osé donner l'assaut. Il n'est pas de mauvais tours qui n'aient été joués aux Prussiens; aussi rien n'égalait leur fureur. Ils ne parlaient de rien moins que de mettre la ville à feu et à sang, lorsqu'ils la prendraient, et d'être sans pitié pour la garnison et les habitants.

Personne n'ignorait ces *aimables* dispositions, qui naturellement venaient fortifier encore davantage notre résolution de nous défendre jusqu'à la dernière extrémité. Nous savions que nos ennemis pouvaient brûler la ville, grâce à la ceinture de coteaux qui la dominent de toutes parts, mais nous avions vu de trop près ces gens-là pour ne pas entretenir la ferme conviction *qu'ils n'oseraient jamais recourir à une attaque de vive force*. Nous le répétons de nouveau, sans le désastreux événement de Metz Verdun tiendrait encore.

Nous allons passer en revue, aussi rapidement que possible, les diverses péripéties de ce mémorable siége, nous bornant au modeste rôle de narrateur.

*<sub>*</sub>*

### Attaque du 24 août.

Cette attaque, entreprise avec une nombreuse infanterie et une forte artillerie, a été certainement la plus dangereuse que nous ayons subie. L'ennemi doutait si peu du succès, qu'il avait donné ordre à tous ses convoyeurs de rentrer le 25 à Verdun. En effet, le lendemain de l'attaque deux convois pénétraient dans la ville que les conducteurs croyaient au pouvoir de la Prusse, fortifiés qu'ils étaient dans cette pensée par les assurances de malins paysans qu'ils avaient interrogés en route. 120 voitures et 250 chevaux se firent ainsi prendre d'eux-mêmes.

Notre garnison se composait alors de 1000 hommes de troupes régulières, 2400 mobiles et 1400 gardes nationaux sédentaires, ces deux dernières troupes à peine exercées.

Le 24 août, vers 9 heures du matin, toutes les collines des environs se garnirent de troupes. Une demi-heure après, une attaque en règle était dirigée contre la place par une armée saxo-prussienne forte de 15,000 hommes sous les ordres du prince Georges de Saxe, et ayant derrière elle, à Haudainville, un second corps de pareille force. Après avoir massé le long des bois une imposante réserve, prête à donner l'assaut au moment voulu, 6,000 hommes environ s'avancèrent résolûment. Une partie se développa en tirailleurs et vint se placer à une faible distance de nos murs avec la mission évidente de démonter nos artilleurs. Ces troupes furent accueillies par un feu de mousqueterie bien nourri, qui ne leur fit pas tout le mal désirable, grâce aux haies, fossés et palissades des jardins;

autant d'abris sûrs que le génie, qui a la prétention de tout prévoir, n'avait pas su faire raser à temps. Deux autres fortes colonnes, marchant de front, durent s'arrêter et se replier en toute hâte. Elles eussent été infailliblement écrasées dans leur mouvement de retraite si nos canons avaient pu tirer en ce moment. Mais *les pièces n'étaient pas chargées* et, par une regrettable obstination du commandant de la place, les clés des petites poudrières spécialement affectées au service des bastions n'avaient pas été confiées aux mains des officiers commandant ces bastions. Il fallut aller les chercher, et une bonne demi-heure s'écoula avant que le canon s'y fît entendre.

En ce moment, un parlementaire, chargé de sommer la place de se rendre à des conditions avantageuses, se présenta et fut conduit au quartier général avec le cérémonial habituel. Le général Guérin de Waldersbach, commandant supérieur, lui fit cette mâle réponse : « Dites au » prince Georges que tant qu'il restera pierre sur pierre » à Verdun nous nous défendrons, et que notre résolution » est de nous ensevelir sous les ruines de la ville plutôt » que de nous rendre. »

Aussitôt après le retour du parlementaire dans le camp allemand, deux batteries, l'une de 20 pièces, l'autre de 34, solidement établies dans les plis des coteaux mamelonnés qui s'étendent de la route de Saint-Michel à celle d'Etain, furent démasquées. Alors commença sur la partie de la ville comprise entre la porte-chaussée et la porte Saint-Victor un feu incessant. Plus de 2,500 obus furent lancés sur nos défenseurs et sur nos maisons. L'artillerie de nos remparts, servie en majeure partie par la garde nationale, riposta avec une grande vigueur, parvint à démonter un grand nombre de pièces, et fit de tels ravages dans ses rangs que l'ennemi, après un engagement de plus de 4 heures, dut se retirer emportant ses morts et ses blessés au nombre de plus de 800, dont un général grièvement atteint et mort le lendemain à l'ambulance établie à Fresne. De notre côté nous avons eu 7 tués et 18 blessés, dont 4 grièvement qui ont succombé depuis.

Notre garnison a rivalisé de zèle. La garde nationale sédentaire, fortement organisée dès le début de la guerre et avant même que les ordres fussent arrivés de Paris, par les soins du sous-préfet et du maire de Verdun, a puissamment contribué au succès de cette journée. Son *artillerie* s'est fait remarquer par la précision de son tir. Malheureusement, c'est dans les rangs de nos soldats-citoyens que la mort a frappé le plus.

Dans cette glorieuse journée, comme dans celles qui l'ont suivie, la ville présentait un aspect étrange : tous les hommes valides sur les remparts ; les femmes et les vieillards dans la rue, anxieux et avides de nouvelles, fuyant de temps à autre devant l'explosion d'un projectile ; les enfants dans les caves, dont les soupiraux étaient garnis de fascines et de fumier frais pour faire obstacle aux obus, qui avaient l'indiscrétion de pénétrer partout.

Voilà comment messieurs les Prussiens, qui étaient partis pour venir *déjeuner à Verdun*, s'en sont retournés le ventre creux, se rappelant un peu tard *qu'on ne doit jamais vendre la peau de l'ours avant de l'avoir tué.*

★★★

Le lendemain, 25 août, a eu lieu l'enterrement des nobles victimes de leur dévouement. Une foule immense suivait en silence, la douleur dans l'âme, la file de cercueils qui se dirigeaient vers *l'allée des Soupirs*, où devait se faire l'inhumation. Nous extrayons du *Courrier de Verdun* les paroles prononcées à cette occasion par M. le général Marmier et M. le Sous-Préfet.

« Nous rendons les derniers devoirs aux citoyens morts
» dans la journée d'hier pour la défense de leurs foyers ;

» morts glorieusement au poste périlleux qu'ils occu-
» paient.

» Reposez en paix ! le souvenir de votre belle mort ne
» s'effacera pas de la mémoire des vôtres.

» Honneur à la population qui compte parmi elle d'aussi
» braves citoyens. »

M. le Sous-Préfet prend ensuite la parole :

« MESSIEURS,

» Dans la journée d'hier Verdun a tracé du sang de
» ses enfants une page glorieuse dans les fastes de cette
» guerre. Laissez-moi m'enorgueillir avec vous de ce
» magnifique succès. Au nom de l'Empereur, au nom de
» la France entière, je félicite du fond de mon cœur les
» défenseurs de la place de leur sublime patriotisme, de
» leur héroïque conduite devant l'ennemi.

» Malheureusement, Messieurs, en pareille circons-
» tance, à côté d'une grande satisfaction vient toujours
» se placer une grande douleur.

» Nous livrons à la terre les restes de braves citoyens
» tombés glorieusement au champ d'honneur, en défen-
» dant nos foyers. S'il est une consolation pour leur fa-
» mille et leurs nombreux amis, ils la trouveront dans la
» pensée du devoir accompli, dans les sympathies qui
» animent la ville entière réunie en ce moment autour
» de cette fosse dans un pieux recueillement.

» Honneur à ces nobles victimes ! que leur souvenir
» demeure toujours parmi nous et apprenne aux généra-
» tions futures comment on sait mourir pour défendre
» son pays. »

*\*\**

L'attaque du 24 août avait révélé les côtés faibles de
la place. Les faubourgs, auxquels le général, par un sen-

timent d'humanité des plus louables, n'avait pas touché, furent minés et démolis; tout ce qui se trouvait dans la première zone fut rasé. D'un commun accord, la garnison et la garde nationale se mirent à l'œuvre pour compléter les moyens de défense. On voyait, dès la pointe du jour, les hommes les plus haut placés dans la société verdunoise, des fonctionnaires civils, des avocats, des notaires, etc., traîner la brouette et manier la pelle. Nous voulons être juste envers l'autorité militaire, en reconnaissant qu'à partir de ce jour toutes les dispositions furent prises pour mettre la place à l'abri d'un coup de main, et en état de soutenir le feu effroyable de l'artillerie ennemie. La concentration des armées allemandes sur Sedan dégarnit pour un moment nos lignes d'investissement et nous permit de travailler à notre aise sur nos remparts. Jusqu'au 26 septembre nous ne fûmes pas sérieusement inquiétés. On enlevait fréquemment des convois à l'ennemi. Un courrier important, contenant toutes les lettres du roi et des officiers allemands sur l'affaire de Sedan, fut arrêté et nous apprit l'étendue de nos désastres (1). Le lendemain un parlementaire vint nous annoncer la mise bas des armes de l'armée du maréchal Mac-Mahon, la prise de l'Empereur, et demander la reddition de la place de Verdun comme une conséquence forcée des événements qui venaient de s'accomplir sur les bords de la Meuse. Refus énergique du général. Dans la première quinzaine de septembre nous eûmes 2,400 échappés de Sedan, qui purent, à l'aide de déguisements, franchir les lignes ennemies, assez mal gardées alors, comme nous venons de le dire. Ce fut pour nous un coup de fortune, car notre garnison, déjà insuffisante pour le service de la place, ne pouvait guère tenter des sorties sérieuses.

(1) Voir la page 28, lettre du prince Radzivil.

\*\*\*

### Attaque du 26 septembre.

A 5 heures du matin, à peine faisait-il jour, nous fûmes réveillés par une effroyable canonnade. Les obus éclataient de toutes parts. L'attaque était dirigée, cette fois, principalement contre la citadelle et contre la caserne Saint-Paul, le Tribunal et la Sous-Préfecture. A l'ouest, une batterie, fortement établie pendant la nuit sur les hauteurs de Blamont, battait la citadelle. Au nord, deux batteries retranchées dans des plis de terrain, derrière la côte Saint-Michel, dirigeaient un feu plongeant sur les bastions Saint-Paul, la caserne de ce nom et les bâtiments départementaux. Enfin, au sud-est, une petite batterie sur la côte de Belrupt. Celle-là eut ses pièces démontées et son feu éteint en moins d'une demi-heure par les bastions Saint-Victor et Saint-Sauveur, qui tirèrent avec une rare précision. La citadelle parvint également, au bout de trois heures, à éteindre le feu de Blamont; mais les pièces placées derrière la côte Saint-Michel n'étant pas en vue, il avait été difficile à nos pointeurs, qui tiraient au jugé, de les atteindre; néanmoins on parvint à y faire sauter un caisson de munitions qui causa de grands ravages.

Nos artilleurs, ceux de la citadelle surtout, qui donnaient pour la première fois, firent merveille. Le colonel et le commandant étaient touchés jusqu'aux larmes du sang-froid, de l'énergie et du savoir de nos jeunes mobiles.

L'attaque du 26 septembre, dans laquelle l'ennemi perdit beaucoup de monde, ne fut qu'un combat d'artillerie. On ne s'est jamais bien rendu compte du but que s'étaient proposé les Prussiens ce jour-là. De notre côté, nous fîmes une perte très-sensible, celle du capitaine du génie

Dehay, tué d'un éclat d'obus à la tête. Cet officier, qui avait le plus contribué à l'armement de la place, continuait à y rendre les plus précieux services.

*\*.*

A partir du 26 septembre, l'ennemi serra tellement le blocus qu'il nous devint impossible de recevoir la moindre nouvelle du dehors. Nos paysans, si adroits à faire passer des lettres à l'aide de hottes à double fond, de gros pains vides à l'intérieur ou de paquets de fagots, durent renoncer à pénétrer dans la place. Toutes les hauteurs qui forment une ceinture autour de la ville étaient garnies de factionnaires, placés à 30 mètres les uns des autres. Notre artillerie s'exerçait tous les jours sur ces vedettes qui remplissaient ainsi l'office du *tonneau* dans les écoles de tir. Il n'était pas rare de voir des obus arriver et éclater juste sur leur tête à 2,000 et 2,500 mètres. Nos pièces de 24 atteignaient les Prussiens dans leurs camps, à 5 et 6 kilomètres. Le canon grondait sans cesse. Quelques centaines d'hommes sortaient à peu près chaque jour, détruisaient les travaux d'approche que notre artillerie avait déjà sérieusement entamés, et harcelaient l'ennemi jusque dans ses derniers retranchements. Les turcos rapportaient chaque fois, comme trophées, une douzaine de paires d'oreilles prussiennes. Nul ne pouvait dire, en se couchant le soir, qu'il ne serait pas réveillé pendant la nuit ou le matin par une bombe éclatant dans sa chambre.

*\*.*

Depuis quelques jours on savait que le général Botzner avait été relevé de son commandement devant Verdun et remplacé par le lieutenant général d'artillerie de Gayl, homme implacable dans sa haine contre les Français. Le

11 octobre nous fûmes prévenus, par les gens de la campagne qui avaient réussi à tromper la vigilance prussienne, que de nombreux convois d'artillerie de gros calibre et de munitions étaient arrivés venant de Sedan, Toul et Strasbourg. Tout faisait pressentir un bombardement en règle. Il eût peut-être été possible d'enlever ces convois ; mais le général, prévenu de l'accroissement considérable des forces ennemies autour de la place, ne voulut pas exposer notre garnison à se faire prendre.

Nous ne saurions mieux faire que d'emprunter au *Courrier de Verdun* le récit du bombardement et des événements qui l'ont suivi, notamment la sortie et l'enclouage des pièces dans la nuit du 19 au 20 octobre.

## Bombardement de Verdun, journées des 13, 14 et 15 octobre.

« Si nous remontons au delà de nos terribles journées,
» nous voyons déjà dans les conversations de la popula-
» tion pendant les jours précédents, les prévisions de l'at-
» taque que nous ménageait le corps prussien cantonné
» dans les environs de la place. Des convois avaient été
» aperçus ; mais les renseignements, arrivant jusqu'à
» nous, étaient tellement vagues qu'il était impossible de
» fixer une certitude ; le doute planait partout, laissant
» les esprits inquiets, mais forts de notre défense passée
» et rassurés sur notre défense à venir.

» Comme mesure de précautions, et encore pour faire
» rentrer dans la place des vivres qui pouvaient tom-
» ber au pouvoir de l'ennemi, le général commandant
» supérieur avait fait garder par des détachements les
» villages de Regret et de Thierville, situés à peu de dis-
» tance des murs de Verdun.

» Une surveillance active, vigilante, s'exerçait en avant
» de ces petites localités, et principalement sur les bois oc-

» cupés par les troupes prussiennes, lorsque tout à coup,
» dans la soirée du 11, de fortes colonnes, composées de
» cavalerie et d'infanterie, se jetant sur nos avant-postes,
» s'emparèrent, après une fusillade vigoureusement soute-
» nue, de nos communications et des villages de Belleville,
» Thierville, Regret, obligeant ainsi nos gardes du de-
» hors à se replier dans la place.

» C'était le prélude de l'attaque générale. La journée
» du 12 fut encore assez calme; mais la soirée de cette
» même journée fut excessivement mouvementée par de
» nombreux coups de feu échangés entre les vedettes
» prussiennes et nos sentinelles des remparts. Partout
» l'alarme était donnée, et si dans la nuit du 12 au 13 on
» a pu prendre encore un peu de repos, c'est que l'instal-
» lation des batteries prussiennes n'était pas complète,
» c'est que l'artillerie ennemie avait à terminer les tra-
» vaux en terre qui devaient servir d'abri à ses nombreu-
» ses pièces de siége.

» Les positions occupées par les troupes assiégeantes
» sont naturellement indiquées par la configuration des
» terrains mamelonnés qui environnent Verdun : la
» Meuse, après avoir traversé la ville, se dirige en ser-
» pentant dans la vaste plaine de Thierville, formant un
» coude très-prononcé au pied des hauteurs Saint-Michel,
» qu'elle laisse à droite ; c'est sur ces hauteurs, situées au
» nord et au nord-est de la place, que l'ennemi avait établi
» ses principales batteries dont les feux directs menaçaient
» tous les quartiers nord, la ville haute et les bâtiments
» de l'évêché, et dont les feux obliques attaquaient les
» bâtiments de la citadelle. Les autres batteries, divisées
» en deux groupes principaux formidables et dans des
» positions excessivement solides et parfaitement forti-
» fiées, se trouvaient établies sur les hauteurs de Blamont
» et des Hayvaux, attaquant la citadelle directement, et
» formant, avec l'artillerie placée sur les hauteurs Saint-

» Michel, un arc de cercle de 5 à 6 kilomètres, divisé
» en lignes de feu effroyables.

» Dès l'aube de la journée du 13 le premier coup de
» canon se fit entendre; grondement solennel, signal de
» ruine et de mort qui n'a pas cessé de mugir pendant
» une période de 56 heures consécutives.

» Après cette première détonation, un silence de quel-
» ques secondes, puis un terrible échange de projectiles,
» un feu pressé sur nos remparts et dans les lignes prusien-
» nes, comme si on avait hâte, de part et d'autre, de
» s'entre-tuer tout d'un coup; puis l'ordre même semble
» s'introduire dans ce combat de géants; on s'étudie, on
» calcule, on apprécie mieux de chaque côté ses moyens
» de défense; on veut que tous les coups de ces redoutables
» engins de la guerre fassent des victimes; par moments,
» c'est avec rage que le combat se soutient; le plus sou-
» vent le calme préside; toujours le patriotisme anime
» nos héroïques défenseurs.

» C'est ainsi que se sont passées pour l'artillerie les trois
» journées de ce bombardement terrible, sans précédent
» historique; lutte grandiose, animée des deux côtés pen-
» dant le jour, mais silencieuse sur nos remparts pendant
» la nuit.

» Le tir des pièces des remparts, dirigé avec une habi-
» leté et une justesse rares, ne pouvait cependant obtenir
» tous les résultats désirables; les batteries ennemies, cou-
» vertes par des épaulements en terre, étaient garanties de
» nos coups. Pourtant, dès la première journée, l'artillerie
» de la place a pu faire taire une partie des canons prus-
» siens et diminuer l'intensité de cette pluie de fer por-
» tant l'incendie dans nos maisons et sur la citadelle.

» Si le dévouement a été grand parmi les défenseurs, le
» courage, l'abnégation de la vie ont été à hauteur de la
» situation dans toutes les classes de la population.

» Pendant ces nuits terribles, où les boulets et les obus

» prussiens portaient la mort, la destruction, la ruine,
» l'incendie dans nos murs, nos braves habitants, animés
» du plus saint des devoirs, cherchaient à porter secours
» aux victimes du feu des batailles et des incendies des
» maisons. Les projectiles labourant les terrains éclairés
» par les sinistres lueurs ne pouvaient arrêter ces citoyens,
» ces femmes, ces enfants même, dont l'élan secourable
» ne connaît pas de limites.

» Aussi, si nous avons à déplorer des pertes matérielles,
» nous avons pour nous la satisfaction du devoir accom-
» pli : grande et noble chose au milieu de nos désastres !

» Dans nos murs, des maisons sont en ruines, c'est
» vrai; l'incendie a fait des victimes, c'est encore vrai;
» mais sur nos remparts nos canons sont intacts et prêts
» à soutenir la lutte.

» Aux ennemis de la France la honte d'un désordre
» sans nom, à nous l'honneur d'une glorieuse défense.

» Respect et hommage aux défenseurs de la cité ver-
» dunoise !

» Patience, courage, abnégation, telle est notre devise.

» Les journées qui ont suivi les longues heures de
» combat nous ont trouvés vaillants et grands dans nos
» malheurs. Il ne pouvait en être autrement : une défail-
» lance n'est pas possible sous ce symbole que l'on appelle
» le drapeau de la France, et dans les plis duquel sont
» écrits ces seuls mots : Gloire, Liberté !

» Les autorités civiles et militaires ont été admirables
» d'activité pendant ces jours néfastes. Au milieu des tra-
» vailleurs, M. le Sous-Préfet se trouvait à tous les incen-
» dies; le maire, les adjoints, les officiers de l'armée
» rivalisaient de zèle pour porter des secours aux malheu-
» reuses victimes de cet acte inhumain que l'on appelle
» bombardement.

» A. RENVÉ. »

2

## Nuit du 19 au 20 octobre.

### ENCLOUAGE DE CANONS PRUSSIENS.

« Une opération militaire demandant une grande éner-
» gie, une résolution extrême, a été habilement conduite
» par M. le capitaine Juneau à la tête d'un détachement
» composé de zouaves, chasseurs à pied, soldats du génie
» et artilleurs.

» Il s'agissait d'enclouer les canons prussiens des bat-
» teries établies sur les hauteurs de Glorieux.

» Les préparatifs de l'exécution de cette résolution prise
» par M. le général commandant supérieur avaient été
» tenus aussi secrets que possible. Les hommes désignés
» au moment du départ étaient réunis dans les fossés des
» fortifications, sans même connaître le but de la sortie.
» Ce n'est qu'après la formation des sections d'attaque
» que connaissance fut donnée aux soldats de la mission
» qui leur était confiée.

» La compagnie, sortie à 1 heure 1/2 du matin par la
» porte de France, fut partagée par M. le capitaine Juneau
» en deux sections ayant pour guides MM. Pierre, pro-
» priétaire à Verdun, et Mouteau, sergent-major au 2e ti-
» railleurs algériens.

» Ces deux sections, commandées l'une par M. Juneau,
» l'autre par MM. Petit et Delabroix, se séparèrent au vil-
» lage de Glorieux pour se jeter, l'une sur la droite et
» l'autre sur la gauche des batteries ennemies.

» Le plus grand silence était recommandé, les plus
» grandes précautions pour se dissimuler étaient prises
» pendant cette marche en avant de quelques minutes, qui
» devait conduire nos braves soldats du pied des mame-
» lons à leur sommet.

» C'est en rampant, par une nuit épouvantable, que ces
» hommes dévoués arrivaient à la bouche des canons, puis,
» se dressant tout à coup, sautaient dans les batteries, ren-
» versaient les soldats prussiens et se précipitaient sur
» les pièces, qui furent enclouées en quelques instants.

» M. le capitaine Juneau termine le rapport de son ex-
» pédition en disant :

» Le résultat de cette sortie est, je crois, de 26 pièces
» enclouées, sept prisonniers, une trentaine d'hommes
» tués ou blessés. »

\*\*\*

Le lendemain de cet affreux bombardement, pendant lequel plus de vingt maisons furent consumées par le feu et servirent de points de mire à l'ennemi pour écraser, sans pitié, de ses projectiles, des femmes, des enfants et des vieillards, le général commandant Verdun adressa au général prussien la magnifique lettre qu'on va lire.

« Général,

» Je dois vous exprimer le sentiment qui pénètre chez
» moi sur la manière dont vous avez attaqué la ville de
» Verdun. J'avais pensé jusqu'à ce jour que la guerre
» entre la Prusse et la France devait être un duel entre
» les deux armées et j'étais loin de m'imaginer que des
» habitants inoffensifs, des femmes et des enfants, ver-
» raient leur fortune et leur vie si injustement engagées
» dans la lutte. Si vous pensez, Général, que cette ma-
» nière d'agir de votre part, que je me dispenserai de
» qualifier, peut contribuer en quoi que ce soit à hâter
» la reddition de la place, vous êtes dans une profonde
» erreur ; car ce que les habitants ont souffert jusqu'à ce
» jour n'a contribué, vous pouvez me croire, qu'à aug-

» menter chez eux l'abnégation que commandent leur
» position et leurs sentiments patriotiques.

» Ni la pluie des bombes et des boulets, ni les privations
» auxquelles la garde nationale et l'armée peuvent être
» exposées, ne les empêcheront de faire leur devoir jus-
» qu'au dernier moment. Leur plus grand désir serait de
» se mesurer corps à corps avec les troupes prussiennes.
» Permettez-moi de vous dire, Général, que c'est sur la
» brèche que nous vous attendons, et que nous espérons
» que vous sortirez un jour de derrière les montagnes qui
» vous tiennent cachés à nos coups.

» Recevez, Général, etc.

» *Le général commandant supérieur*,

» B<sup>on</sup> GUÉRIN DE WALDERSBACH. »

*\*

Le 27 octobre nous recevions avis de l'arrivée d'un immense convoi de munitions et de canons; un nouveau bombardement était imminent. La population, justement émue de cette nouvelle, envoya une députation à la sous-préfecture pour faire connaître qu'elle était résignée à tous les sacrifices, mais que son vif désir était que la garnison, à laquelle elle se réunirait, tentât d'enlever et de détruire le matériel de guerre qui venait d'arriver, demandant subsidiairement d'autoriser une sortie de cinq cents volontaires. Le sous-préfet, partageant l'avis des habitants de Verdun, adressa immédiatement la lettre suivante au général, qu'il n'avait pas pu rencontrer chez lui.

Verdun, 27 octobre 1870.

« MONSIEUR LE GÉNÉRAL,

» On m'assure qu'un convoi de munitions et de matériel
» de siége a passé hier à Lempire et se trouve aujourd'hui

» à Baleycourt. Les habitants de la ville sont naturelle-
» ment émus de cette nouvelle, et ils désirent vivement
» que des dispositions soient prises pour éviter à la cité un
» nouveau bombardement, si faire se peut.

» La population de Verdun, dont vous savez si bien ap-
» précier le patriotisme et le dévouement, a supporté avec
» une résignation sublime les rudes épreuves qu'elle vient
» de subir. Elle est prête à endurer des maux encore plus
» grands ! mais elle désire ardemment que la garnison,
» à laquelle elle est disposée à s'adjoindre, lui vienne en
» aide pour enlever à l'ennemi ses moyens de destruction.

» C'est un devoir pour moi, M. le Général, de me faire
» l'interprète fidèle de mes administrés, en portant à
» votre connaissance leurs vœux les plus pressants et en
» même temps les plus légitimes.

» Veuillez agréer, etc.

» *Le Sous-Préfet de Verdun,*

» De B. Beauvallon. »

Le général fit connaître au sous-préfet qu'il aurait sa réponse le lendemain de bonne heure. En effet, à 4 heures du matin, dans la direction des batteries prussiennes, une vive fusillade apprenait aux habitants de Verdun que leurs vœux étaient satisfaits. Toute la garnison était dehors.

Par une habile combinaison, les villages où campaient les Prussiens étaient tenus en respect par de forts détachements, appuyés par des pièces de campagne, tandis que d'autres détachements, appartenant aux corps d'artillerie et du génie soutenus par les compagnies de turcos et de zouaves, opéraient directement sur les batteries. A la même heure et sur tous les points à la fois, toutes les pièces prussiennes étaient enclouées, les affûts brisés et les munitions détruites. Tous les hommes qui gardaient les batteries, surpris à l'improviste, furent passés à la baïonnette. L'opération terminée à la pointe du jour, les troupes entrèrent en ville, protégées par l'artillerie de la place.

Nous n'en finirions pas avec ce récit déjà trop long, si nous voulions rapporter ici tous les incidents particuliers, tous les actes d'audace accomplis dans cette mémorable matinée. Nous n'en citerons qu'un. Au moment où un de nos volontaires, M. Émile Barbier, traversait le village de Belleville que l'ennemi venait d'évacuer, un paysan le prévint qu'il en restait encore quelques-uns dans une maison qu'il lui indiqua. N'écoutant que son courage, cet intrépide citoyen pénètre dans la maison avec deux autres personnes qui l'accompagnaient et se trouve en face de seize soldats commandés par un officier. Il était perdu ! Par une heureuse inspiration, il feint de s'adresser à une troupe au dehors et s'écrie : « Quinze hommes à droite, quinze hommes à gauche. » Puis, mettant son révolver sur la poitrine de l'officier : « Rendez-vous, » lui dit-il. Et l'officier, convaincu que la maison était cernée, fait signe à ses hommes de relever leurs armes prêtes à faire feu et se rend. Trois hommes intrépides venaient de désarmer et de faire prisonniers seize Prussiens et un officier.

Nous en étions là, pleins d'ardeur, pleins de confiance et d'espérance, lorsque des hurrahs frénétiques des soldats du roi Guillaume nous apprirent la reddition de Metz et de l'armée du maréchal Bazaine. Ce fut un coup de foudre ! Le désespoir pénétra dans les cœurs les plus fermes. On se demandait : « A quoi bon résister maintenant : plus d'armée dans l'Est, plus de secours à attendre, plus d'appui à donner ! » Ce mouvement des esprits s'accentua encore davantage lorsque, dix jours après, on reçut la confirmation des événements de Metz et que l'on apprit qu'il y avait en batterie, sur les hauteurs qui nous entouraient, plus de cent cinquante pièces de gros calibre provenant du matériel de siége de Strasbourg et de Metz, sans compter un nombre encore plus considérable de pièces de campagne. Enfin le découragement fut au comble quand on sut que l'armée prussienne, détachée de Metz, marchait sur nous avec une artillerie nombreuse.

Toute résistance devenant impossible et surtout inutile à la défense nationale, le général commandant Verdun proposa au général prussien de lui remettre la place aux conditions qu'il se croyait le droit de lui faire. Ces conditions parurent inacceptables au général ennemi, qui en référa au roi. La réponse royale ne se fit pas attendre. Elle était ainsi conçue : « En présence de l'héroïque dé-
» fense de Verdun, je suis disposé à accepter des condi-
» tions exceptionnelles. » *On traita donc sur les bases posées par nous.* Voici le résumé de ce traité, beaucoup trop long pour trouver place ici :

« La forteresse et la ville de Verdun, tout le matériel
» de guerre, approvisionnements, etc., *seront rendus à la*
» *France après la guerre.*

» La garnison prisonnière. Les troupes conserveront
» leurs sacs et effets. Les officiers seront libres sur parole ;
» ils conserveront leurs armes et chevaux. La garde mo-
» bile native de Verdun libre.

» Aucun défenseur de la place ne sera inquiété. La gen-
» darmerie restera libre et conservera ses chevaux. Les
» maîtres-ouvriers également libres.

» La ville de Verdun dispensée de toute contribution de
» guerre et de réquisition. Les personnes, propriétés,
» établissements civils et religieux seront respectés.

» Sauf le cas de passages extraordinaires, les troupes
» seront logées dans les bâtiments militaires.

» Toutes les administrations publiques, les tribunaux,

» le notariat, le commerce et l'industrie fonctionneront
» librement. »

*<sub></sub>*<sub></sub>*

Aux termes de cette capitulation, les troupes prussiennes sont entrées à Verdun, le 9 novembre, sans tambour, sans trompette ni musique, ainsi qu'il en avait été convenu entre les deux généraux. L'attitude de la population a été des plus dignes. Elle s'est retirée dans ses foyers, laissant les rues désertes.

Le général Guérin de Waldersbach a quitté la ville le lendemain, avec le désespoir dans l'âme. Cet officier, d'une nature si chevaleresque, ne pouvait pas se faire à l'idée de s'éloigner de la forteresse confiée à sa garde, et qu'il espérait remettre lui-même à la France : il n'a pas dépendu de lui qu'il en fût ainsi. Le même jour, le sous-préfet prenait congé de la population par la lettre suivante que nous extrayons du journal local :

« Verdun, le 11 novembre 1870.

» MESSIEURS,

» Mon départ, précipité par les événements qui vien-
» nent de s'accomplir, ne m'a pas permis de prendre
» congé de vous. Tant que le danger vous menaçait, j'ai
» tenu à le partager avec vous et j'ai cru de mon devoir de
» rester sur la brèche jusqu'à la dernière heure. Mainte-
» nant qu'une solution qu'il ne m'a pas été donné de
» conjurer et à laquelle je *suis resté complétement étranger*
» est venu modifier si profondément la situation, un sen-
» timent d'honneur m'imposait le devoir de décliner les
» offres qui m'étaient faites par les autorités prussiennes
» de continuer mes fonctions sous un gouvernement en-
» nemi du mien.

» Je remercie du fond de mon cœur les braves habi-
» tants de Verdun des touchantes sympathies dont ils
» ont bien voulu m'honorer pendant mon séjour parmi
» eux. Je suis fier des preuves d'affection qu'ils m'ont
» prodiguées. J'y suis d'autant plus sensible que je sais
» qu'elles viennent d'hommes sincères dont j'ai toujours
» admiré la loyauté et l'indépendance de caractère.

» Je ne vous fais pas des adieux : c'est *au revoir* que je
» vous dis.

» Veuillez agréer, etc.

» *Le Sous-Préfet de Verdun*,

» DE B. BEAUVALLON. »

*\*_*_*

Ainsi s'est terminé ce siége, durant lequel se sont accomplis des prodiges de valeur qui vaudront à Verdun une belle page dans l'histoire de cette guerre, après lui avoir mérité les plus chaleureuses félicitations de l'état-major prussien, qui a été le premier à rendre hommage à sa brillante défense.

Ainsi s'est terminé ce siége de trois mois, soutenu par une armée et une population étroitement unies par le patriotisme le plus sublime, jalouses de contribuer pour leur large part à la défense nationale.

Sans la désastreuse capitulation de Metz et de l'armée du maréchal Bazaine, qui nous a jeté sur les bras toutes les forces prussiennes devenues ainsi disponibles, jamais Verdun n'eût capitulé.

UN ASSIÉGÉ DE VERDUN.

# ANNEXES.

Nous sommes heureux de pouvoir reproduire, à la suite de notre publication, deux documents authentiques dont nous avons en main les originaux :

1° La proclamation qui était affichée dans toutes les communes de l'Est aussitôt après leur occupation par les forces allemandes, et par laquelle ces barbares interdisaient, *sous peine de mort*, à des *Français*, de prêter leur concours à des compatriotes, à *l'armée française;*

2° Une lettre du prince Radzivil, écrite en français à sa femme, née de Castellane, et trouvée dans un courrier enlevé à l'ennemi, près de Verdun, le surlendemain de la catastrophe de Sedan. Cette lettre est le reflet fidèle de la pensée du quartier royal allemand sur la situation de nos forces militaires, et sur la facilité, par une marche contre Paris, d'y imposer *immédiatement* la paix à la France.

### Proclamation.

« Conformément au paragraphe 4 de l'ordonnance du
» 21 juillet 1867, etc..., il est proclamé qu'à partir d'aujourd'hui, le département de la Meuse de l'Empire
» français se trouve sous la jurisprudence militaire prussienne pour toutes les personnes qui porteraient préjudice aux troupes de l'armée de Sa Majesté le roi de
» Prusse ou ses alliés, ou *qui chercheraient à être utiles à*
» *l'armée française.*

» En conséquence, seront punies de mort toutes les
» personnes non attachées à l'armée française qui,

» 1° Serviraient d'espion aux Français, *qui les admet-*
» *traient chez eux, qui les cacheraient ou les assisteraient ;*

» 2° Ceux qui *serviraient de guides aux troupes françai-*
» *ses, qui leur montreraient les chemins, etc. ;*

» 3° . . . . . . . . . . . . . . . . .

» 4° Ceux qui détruiraient des ponts ou des canaux, des
» chemins de fer, des télégraphes, etc...

» Donné au cantonnement du quartier général à Geni-
» court, 23 août 1870.

» Signé : W<small>ILHELM</small>,<br>
» Duc de Mecklenburg,<br>
» Commandant de la 61<sup>e</sup> division de cavalerie de l'armée<br>
» royale prussienne. »

*<sub>*</sub>*

## Lettre du prince Radzivil à la princesse Radzivil née de Castellane.

« Vendresse, le 3 septembre 1870.

» Les événements ont marché avec une rapidité telle et
» ont pris des proportions si gigantesques, ma bien-aimée,
» que la plume est totalement incapable de les suivre ou
» de rendre même approximativement la grandeur des
» impressions de ces derniers jours. Qui est-ce qui aurait
» osé, même en songe, espérer des succès aussi com-
» plets ? C'est la main de Dieu qui est venue frapper l'Em-
» pereur et son système. Nous sommes revenus ici hier
» seulement, à une heure du matin, et c'est la première
» journée, depuis longtemps, où l'on respire et où il est
» possible de rassembler et de classer un peu ses idées.
» Aussi, j'en profite, fillette chérie, pour te donner au

» moins un vague croquis de ce qui s'est passé ces jours
» derniers.

» Tu connais notre mouvement vers le nord, entrepris
» à marches forcées avec les armées des deux princes
» royaux, dès que nous avons eu la certitude du mouve-
» ment de Mac-Mahon de Reims sur Vouziers. L'armée
» de Mac-Mahon, composée de quatre corps, avec un
» effectif de 120,000 hommes, et suivie de l'Empereur et
» du prince impérial, se dirigeait de Vouziers en deux
» colonnes, par deux corps d'armée chacune, sur Stenay
» et Mouzon, pour passer la Meuse et essayer de déblo-
» quer Bazaine par Montmédy et Briey. Le prince royal
» de Saxe, avec son corps saxon, le 4e corps et les gardes,
» fut dirigé sur Dun et Stenay; les deux corps bavarois
» au centre sur Buzancy ; le prince royal avec le 5e corps
» sur Grand-Pré, avec le 11e corps par Vouziers-le-Chêne.
» La division wurtembergeoise et le 8e corps suivaient
» l'aile gauche en réserve. Le 6e corps n'a pas dépassé
» Attigny, où il est resté en se gardant contre Reims.

» Le 30 août, le prince royal de Saxe, avec le 4e corps
» et les Saxons, soutenu à gauche par le 1er corps bava-
» rois avec de Thann, a écrasé la tête de la première co-
» lonne française à Beaumont, en tombant dessus à l'im-
» proviste, tandis que le 5e corps occupait la queue de la
» colonne à Stonne. L'ennemi fut rejeté sur Mouzon en
» déroute; Mouzon fut occupé la nuit. Des milliers de
» prisonniers, quantité de canons, furent le résultat de
» la journée, qui a déjà, pour ainsi dire, décidé du sort
» de l'armée française : c'est notre 4e corps qui a fait la
» meilleure partie de la besogne.

» Le 31, de grand matin, l'armée du prince royal de
» Saxe a passé la Meuse à Mouzon, en occupant le pays
» jusqu'à la frontière belge et en tournant sur Sedan. Le
» 1er corps bavarois occupait Raucourt et Romilly, sou-
» tenu par le 2e, et l'armée du prince royal poussait des

» têtes de colonnes sur Donchery et Flèze. Le 1er septem-
» bre, au point du jour, la bataille s'engageait par les
» Bavarois à Bazeilles. Le prince royal de Saxe, la garde
» à droite, les Saxons à gauche, tournait sur Givonne;
» le 4e corps soutenait le 1er corps bavarois. Le 2e corps
» bavarois s'établit devant la tête du pont de Sedan, et
» notre garde royale, avec le 11e et le 5e corps, débouchait
» par Donchéry en tournant Sedan par la gauche. La di-
» vision wurtembergeoise restait en réserve à Urigne, en
» rejetant une sortie que la garnison de Mézières a essayé
» pendant la bataille. Nous avons pu suivre chaque détail
» de la lutte des hauteurs qui dominent Sedan sur la rive
» gauche de la Meuse, en permettant de diriger un feu
» plongeant sur la ville et les remparts. Le résultat de
» ces mouvements, habilement combinés, fut *d'enfermer*
» *complétement l'armée française dans la vallée autour de*
» *Sedan*, en l'entourant d'un gigantesque cercle de batte-
» ries qui, toutes, concentraient leur feu sur les bois et
» ravins qui entourent la ville.

» A 4 heures la catastrophe était complète!... L'ar-
» mée française *s'égrenait* peu à peu; tout ordre, toute
» discipline avaient cessé. Des régiments entiers de-
» mandaient quartier, écrasés par le feu de notre artille-
» rie. Grâce à cette circonstance, nos pertes, quoique
» grandes, ont été relativement moins considérables;
» c'est le 1er corps bavarois qui a le plus perdu.

» A 5 heures, l'Empereur envoyait Reille avec une
» lettre autographe pour rendre son épée au roi. Hier, à
» midi, la capitulation était signée; tu la liras dans le
» journal. Le roi, en rentrant chez lui, le soir, avait laissé
» Bismark et Moltke à Donchery pour la nuit. Bismark
» eut une longue entrevue avec l'Empereur hier matin;
» mais l'Empereur, se considérant comme prisonnier, ne
» pouvait plus traiter, et la capitulation a été conclue en-
» tre Moltke et le général de Wimpfen, qui avait pris le

» commandement, le maréchal de Mac-Mahon ayant été
» grièvement blessé à la cuisse.

» Après la signature de la capitulation, le roi eut une
» entrevue avec l'Empereur dans le petit château du Fres-
» nois, en dehors de Sedan où l'Empereur n'osait plus
» rentrer par peur de ses propres soldats. Ce sont nos 1$^{er}$
» cuirassiers qui l'escortaient. Le roi est arrivé à cheval,
» entouré de tout son état-major ainsi que des princes
» allemands. C'est un moment que je n'oublierai de ma
» vie. J'ai vu Reille, Pajol, La Moskowa, Achille Mu-
» rat, etc... L'Empereur a accepté le séjour de Wilhems-
» höhe, près Cassel. Bogen le conduira. Le roi a ensuite
» visité tous les bivouacs. . . . . . . . . . . .
. . . . . . . . . . . . . . . . . . . . . . . . .

» Le même jour où se livrait cette bataille, Bazaine a
» fait une énergique sortie, sur la rive droite de la Moselle,
» qui a été victorieusement repoussée par nôtre 1$^{er}$ corps.
» Je pense qu'il aura brûlé ses dernières cartouches et
» que la capitulation de Metz et de Strasbourg suivra de
» près celle de Sedan.

» *Nous en avons donc fini ainsi avec l'armée française,*
» mais pas encore avec le gouvernement qui, au dire de
» l'Empereur, réside maintenant à Paris dans la personne
» de la régente et dans les corps politiques. Le prince
» impérial doit y être également. *C'est donc à Paris qu'il*
» *nous faut aller chercher la paix, et nous ne perdrons pas*
» *un jour pour nous y rendre.* Quiconque a vu la démora-
» lisation qui règne partout ne doute plus que *la paix*
» *pourra s'obtenir sans autre effusion de sang, qui a coulé*
» *déjà bien assez abondamment.*
. . . . . . . . . . . . . . . . . . . . . . . . .

» A. RADZIVIL. »

www.ingramcontent.com/pod-product-compliance
Lightning Source LLC
Chambersburg PA
CBHW060915050426
42453CB00010B/1733